Couvertures supérieure et inférieure
manquantes

NOTICE

SUR

L'ABBAYE DE SAINT-VICTOR-ÈS-MARSEILLE

NOTICE

SUR

L'ABBAYE DE SAINT-VICTOR

ÈS-MARSEILLE

Extraite du *Propagateur du Var*

Sapientia ædificabitur domus et prudentia roborabitur. (Sal. Pro., ch. 24.)

TIRÉ A 100 EXEMPLAIRES

TOULON

IMPRIMERIE HYACINTHE VINCENT, RUE NEUVE, 20

1865

NOTICE

SUR

L'ABBAYE DE SAINT-VICTOR-ÈS-MARSEILLE

Vers l'an 400, un jeune homme revêtu de l'habit des moines d'Orient, débarquait dans l'île de Lérins, (1) en face de la Provence ; il arrivait de Rome, fuyant la persécution des Goths, qui venaient de s'emparer de la capitale du monde romain et d'en chasser le saint pontife Innocent Ier. Notre voyageur, Scythe de nation, avait vécu quelque temps dans les âpres solitudes de la Thébaïde, il était allé à Constantinople, attiré par la renommée de saint Jean Chrysostome, qui occupait alors le siége de cette ville. Ce saint évêque déposé et exilé par l'impératrice Eudoxie, dont il avait blâmé les rapines et les désordres, envoya à Rome pour se justifier auprès du saint siége, un diacre qui arriva quelques jours avant l'occupation de cette ville par Alaric. Forcé de quitter Rome, n'osant plus retourner à Constantinople et son maître étant mort en se rendant au lieu désigné pour son exil, ce jeune homme résolut d'aller vivre dans le monastère de l'Occident qui était alors le plus renommé de toute la chrétienneté, celui de Lérins. Lorsque notre diacre y

(1) Son nom vient de ce qu'autrefois, il y avait dans cette île, un temple dédié au célèbre guerrier Léro.

aborda le monastère était encore gouverné par saint Honorat, son fondateur, qui avait sous sa conduite plusieurs milliers de moines. Dans cette vénérable pléïade on distinguait : Hilarius d'Arles; Maxime et Fauste de Riez; Loup de Troyes; Eucher de Lyon; Vincent de Lérins; Patrice, l'apôtre de l'Irlande, etc. Jean Cassien (tel était le nom du jeune diacre) fut accueilli avec joie par Honorat, qui voyait grandir, tous les jours de plus en plus, le nombre de ses enfants. Cassien, quoique jeune, était déjà très avancé dans la vie spirituelle et dans les sciences ; cependant se défiant de ses forces, il vécut pendant quelque temps, sous la conduite du premier abbé de Lérins, pour achever son éducation religieuse et se préparer à une grande œuvre, à la fondation d'un monastère qui devait être en peu d'années, l'émule et le rival de celui de l'île provençale. Cassien béni par Honorat se dirigea après une année de repos vers la seconde Narbonnaise qui avait alors pour évêque Proculus. Un songe avait déjà averti le saint prélat de l'arrivée de Cassien, aussi lorsque notre diacre débarqua à Marseille à la tête de douze moines, qui avaient voulu le suivre et vivre sous sa houlette, Proculus l'accueillit avec la joie qu'un père éprouve lorsqu'il revoit son fils et lui imposa les mains. Cet évêque, heureux de voir arriver dans son diocèse ces colons du désert, laissa Cassien libre du choix de sa retraite. Après quelques hésitations notre saint fondateur porta ses regards sur une forêt épaisse, qui s'étendait depuis les rivages de la mer, jusqu'aux montagnes, qui entourent Marseille. La colonie phocéenne allait donc être édifiée par la vie de ces austères cénobites, elle devenait le premier champ ouvert à leurs labeurs apostoliques, c'était par là que la foi avait pénétré dans les Gaules et elle s'y était maintenue malgré les persécutions. Lazare, le ressuscité de Béthanie, y trouva un refuge, lorsque fuyant la persécution des juifs de Jérusalem, il débarqua à Marseille, accompagné de ses deux sœurs Marthe et Magdeleine. Lazare devint l'apôtre et le premier évêque de Marseille, nous ne savons rien de précis sur son apostolat, mais à en juger par le martyrologe les rivages de notre chère Provence furent arrosés du sang des confesseurs de C. lui qui pour l'humanité a répandu le sien sur le Golgotha.

Jusqu'en 314, les noms des successeurs de saint Lazare sont inconnus; on sait seulement qu'à cette époque le siège épiscopal fut occupé par Orésius Ier. La fin de la persécution de Dioclétien laissa le troupeau en paix ; Marseille ne fut pas indocile aux exhortations de ses pasteurs. La construction de plusieurs sanctuaires qui datent de cette époque nous prouve que la bonne nouvelle de l'Évangile se répandait tous les jours de plus en plus chez nos pères et avec elle le calme et la civilisation. L'occupation de l'évêché de Marseille par un des fils des seigneurs de Provence contribua beaucoup à l'extension de la foi. Sa piété et sa grande charité l'ont fait placer sur les autels, et l'église l'honore sous le nom de saint Cannat.

Dès le troisième siècle, et lorsque les provinces septentrionales étaient menacées de grandes invasions le christianisme rassembla en Orient, en Egypte et en Palestine une armée de cénobites qui devait être la réserve de la civilisation chrétienne. Les âmes qui avaient soif du repos et de la justice s'échappaient de ce monde plein de troubles et d'égoïsmes et s'enfermaient dans les cloîtres célèbres dirigés par les Basile, les Antoine et les Pacome. Des essaims partirent de ces saintes ruches et allèrent peupler l'Occident. Le premier monastère établi dans cette partie de l'Europe fut fondé à Trèves par les disciples de saint Athanase. Vers la fin du quatrième siècle, saint Martin de Tours, bâtit près de sa ville épiscopale, dans le village de Ligugé un monastère qui devint très florissant et qui a été naguère restauré par les enfants de saint Benoît de la congrégation de France. Brûlant du désir d'augmenter tous les jours le royaume de Jésus-Christ. Martin établit un second monastère qui porta son nom (Martini monasterium) Marmoutier. Le monastère de Lérins fut un des premiers qui furent bâtis en Europe. De Lérins et de Marmoutier le monachisme se répandit en Aquitaine, en Neustrie et en Bourgogne. C'est vers cette époque que Cassien arriva dans la seconde Narbonnaise. Il choisit comme nous l'avons dit plus haut, une sombre forêt. Les païens n'osaient approcher de cette retraite dont ils croyaient entendre sortir les cris des Dieux infernaux. Plusieurs siècles avant, lorsque César vint mettre le siége devant Marseille, il eut besoin de bois de construction pour bâtir des tours d'attaques : les soldats qu'il avait envoyés abattre des arbres refusèrent d'obéir à ses ordres et il fut obligé de donner l'exemple en abattant lui-même le premier tronc. (1)

(1) De Ribbe des forêts en Provence.

La terreur qu'inspirait cette solitude n'était ressentie que par les païens. Les chrétiens au contraire y passaient des heures entières en prière et souvent ces visites se prolongeaient bien avant dans la nuit. Ils aimaient cette forêt parce qu'elle avait été le théâtre d'une grande scène. Un jeune soldat de Maximien, arrêté en l'année 303 comme chrétien et condamné à mort ainsi que trois de ses camarades, y avait été conduit et avait reçu la palme du martyre. Les chrétiens recueillirent avec soin son corps, l'ensevelirent dans une grotte creusée par la nature aux bords de la mer et depuis ce moment, les habitants de Marseille n'ont cessé de venir prier sur le tombeau de ce jeune confesseur de la foi. (1).

Cassien, après avoir offert sur ce tombeau les divins mystères, plaça sous le patronage du jeune martyr son monastère qui porta le nom de St-Victor. C'était vers l'an 420 qu'il jeta les fondations de ce monastère. Les commencements furent pénibles et difficiles. Ces premiers cénobites n'eurent pour tout logement que quelques huttes construites avec des branches d'arbres autour du tombeau du saint martyr. Bientôt la sainteté et la science de Cassien se répandirent dans toute la Provence et les pays environnants. Le nombre des moines grandissant tous les jours, les huttes ne suffirent plus, Cassien songea alors à bâtir un monastère, aidé par la libéralité des seigneurs des environs dont il élevait les fils, par les chrétiens de Marseille dont il était le père spirituel et par ses enfants, il acheva en peu de temps son entreprise. La bénédiction de l'église dont saint Pierre et saint Paul étaient les patrons, fut faite par l'évêque Proculus; il ne nous reste plus rien de cet édifice.

Le désir de fuir le monde et de se consacrer à Dieu par le vœu de virginité ne s'empara pas seulement des hommes, les femmes voulurent aussi vivre en communauté et donner tout leur temps à la prière et au travail manuel. Cassien à peine eut-il fini d'établir ses enfants dans l'ab-

---

(1) On croit généralement que c'est dans cette même grotte que saint Lazare offrait le saint Sacrifice lorsqu'il rassemblait les premiers chrétiens.

baye de Saint-Victor qu'il songea à en bâtir une seconde (1) pour les femmes, il la plaça sous le vocable de Saint-Sauveur (2). On n'est pas d'accord sur l'emplacement de cette abbaye, cependant on croit qu'elle devait-être sur l'endroit même où se trouve aujourd'hui le bassin de carénage. La première abbesse fut Respecta, d'une illustre famille de Provence; quoiqu'elle eût une juridiction entière sur l'abbaye celle-ci n'en était pas moins sous le contrôle de celle de Saint-Victor (3). C'est le premier monastère de femmes que la Gaule ait possédé. Saint Césaire d'Arles ayant entendu parler de cette communauté y envoya sa sœur qui s'était consacrée à Dieu dès sa jeunesse, et lorsqu'il la crut suffisamment instruite, il la rappela auprès de lui et la mit à la tête d'une maison religieuse qu'il venait d'établir à Arles pour les femmes. Ces âmes rachetées par le sang du Divin Maître et dont l'égalité avait été méconnue par la sagesse antique, allaient, elles aussi apporter leurs prières et leurs travaux à la conversion et à la civilisation de la Gaule. Cassien écrivit pour ses enfants plusieurs ouvrages; le plus estimé est intitulé : *Institutions monastiques*, recueil où se trouvent tous les entretiens que Cassien adressa aux moines de Saint-Victor, soit sur la vie spirituelle, soit sur la vie corporelle. Cet ouvrage a servi de guide à beaucoup de fondateurs d'ordres monastiques et, quoique vieux, il offre encore des renseignements utiles. Cassien écrivit aussi un traité sur l'*Incarnation*. Il mourut en 440, son corps fut placé à côté des restes de saint Victor l'église le mit au nombre de ses saints.

La renommée de Cassien avait attiré autour de lui, plusieurs milliers de moines. Le monastère observa si fidèlement les règles que son saint

(1) Cassianus natione Scytha, Constantinopoli a Joanne magno episcopo, diaconus ordinatus, apud Massiliam presbyter condidit, duo monasteria id est virorum et mulierum. Voir (de illust .. Ecclesiæ scriptoribus... Coloniæ 1586).

(2) Monsieur André archiviste du département des B.-D.-R. a publié une notice sur cette abbaye.

(3) Monsieur Varin à lu à l'Académie des inscriptions et belles lettres un savant mémoire sur les couvents doubles.

fondateur lui avait données, qu'il reçut le surnom de Porte-du-Paradis (1) et l'église de Marseille profita si bien des beaux exemples de vertu qu'elle voyait à côté d'elle qu'elle fut appelée la première église de la Chrétienneté (2).

Il serait difficile d'indiquer d'une manière certaine quel a été le successeur de saint Cassien, vu que les Cartulaires indiquent après lu; Athanase qui était abbé à la fin du VIe siècle; on s'accorde à croire qu'après saint Cassien l'abbaye fut dirigée par les évêques mêmes qui occupaient le siége de Marseille.

En mémoire des grands services que cette abbaye avait rendus non seulement à la Provence, mais aussi à toute la Gaule, l'empereur Charlemagne lui fit de grandes donations en 810 (3). Elles furent confirmées par Louis le Débonnaire en 825 (4), et par Lothaire en 960 (4). Celui-ci exempta l'abbaye du droit de *Teloneum* (5). C'est après la mort de Charlemagne (6) qu'il faut placer la destruction des abbayes de Saint-Victor et de Saint-Sauveur par les Sarrazins. C'est en 730 (7) que Ruffi place ce désastre, mais comment faire concorder cette date avec le Cartulaire, vu que Charlemagne n'est mort qu'en 814?

Les Sarrazins ayant conquis toute l'Espagne en 726 et désirant étendre leurs possessions, jetèrent leurs yeux sur la Narbonnaise; ils firent une descente dans ce pays se dirigèrent d'abord vers Arles et s'en emparèrent, ils allèrent ensuite mettre le siége devant Marseille, mais ils furent défaits par Charles-Martel qu'avait appelé à son secours Thierri IV. En se retirant de

(1) (2) (3) (4) Ruffi, histoire de Marseille, t. 2, chapitre qui parle de l'abbaye de Saint-Victor.

(5) C'est-à-dire droit d'ancrages, de douanes, d'entrée dans le port et de sortie, ce mot vient du grec *telos telonion.*

(6) Post multorum curricula annorum cum idem piissimus princeps (Carolus-Magnus) a sæculo decessisset et omnipotens Deus flagellare vellet populum christianum per sæviciam paganorum gens barbarica in regno Provinciæ irruens destruxit ecclesias ac plurima mostasteria, etc. (Cartul. de St-Victor, t. 1, n° 15)

(7) Ruffi, histoire de Marseille, t. 2, chapitre sur Saint-Victor.

Marseille l'armée sarrazine se jetta dans des bois impénétrables qui bordaient le rivage d'où elle gagna l'Italie. En 888 une bande de ces forbans s'empara d'un point élevé appelé Fraxinet qui se trouve en Provence, à 50 K. N. E. de Toulon; de ce point qu'ils avaient rendu imprenable ils faisaient des descentes dans la plaine et mettaient tout à feu et à sang. Les hommes, les églises, les bourgs, les monastères tout disparaissait sous les mains de ces destructeurs. C'est dans une de leurs excursions à travers la Provence qu'ils vinrent remettre le siége devant Marseille. Après s'être courageusement défendus les habitants de cette ville furent forcés de capituler : les premiers soins des Sarrazins en entrant dans la colonie phocéenne furent d'aller piller le monastère de Saint-Victor, qu'ils trouvèrent désert, les religieux s'étaient enfuis en sachant le sort qui les attendait : les bandits détruisirent tout par le feu. De là ils allèrent à l'abbaye de Saint-Sauveur, ils y rencontrèrent l'abbesse Eusébie avec toutes ses sœurs; à la vue de ces pauvres filles qui s'étaient mutilé le visage, espérant par là pouvoir conserver leur monastère, le cœur de ces barbares fut touché, mais la férocité l'emportant, ils les massacrèrent. Elles reçurent ainsi, dans le même endroit, à l'exemple de saint Victor, la couronne du martyre. C'est vers cette époque que saint Pocaire et ses cinq cents compagnons furent égorgés à Lérins.

En quittant Marseille pour se rendre à Lérins, l'armée sarrazine débarqua dans le port du Bruse (1) (situé près de Saint-Nazaire dans le département du Var) et se prépara à attaquer *Sex-furne* (Six-fours) ville très fortifiée sur une montagne isolée dans une plaine à 12 k. S. O. de Toulon. Mais les Six-fournens descendirent de leurs rochers et le choc fut si fort que les Sarrazins durent s'embarquer au plus vite. C'est en mémoire de cette action, que l'oratoire de *Saint-Pierre-de-Maloginesto* a été bâti dans le champ où les deux armées se rencontrèrent.

Lorsque la paix fut rétablie, les moines Cassianites qui avaient fui devant les Sarrazins se réunirent auprès du tombeau de leur père; ils ne trouvèrent plus rien. Mais aidés par les seigneurs et le vicomte de Marseille ils ré-

---

(1) Antonin dans son itinéraire maritime appelle ce port *Emines-Portus.*

tablirent leur monastère en 965 (1). Guillaume qui était vicomte de Marseille fut secondé par son frère Honorat évêque de cette ville. L'église qui fut bâtie sur les ruines de l'ancienne renfermait une église souterraine que l'on voit encore aujourd'hui, et qui n'était autre que la grotte primitive agrandie. En 1040, le pape Benoit IX, à la prière de saint Isarn qui était abbé du monastère vint faire la dédicace de cette église, il était assisté de trente archevèques et évèques, près de cent milles personnes étaient venues de toute part pour voir cette cérémonie. On n'a jamais vu à Marseille, une telle cérémonie religieuse avant le cinq juin 1864 qui fut faite pour la bénédiction du sanctuaire de Notre-Dame de la Garde.

Les religieux Cassianites, en rentrant dans leur nouveau monastère reçurent une autre règle que celle de leur fondateur. En effet dans une ordonnance signée d'Aix la Chapelle en 802, l'empereur Charlemagne avait signifié aux monastères de son empire de n'avoir tous qu'une seule et même règle qui était celle de Saint-Benoît.

Les anciennes propriétés de l'abbaye, qui lui avaient appartenu avant l'invasion sarrazine furent remplacées par d'autres qui furent données par les Papes, les rois de France, les comtes de Provence et les vicomtes de Marseille (2).

Par une bulle, datée de 1050, le Pape Saint-Léon IX soumit l'abbaye immédiatement à l'église de Rome et l'exempta de la juridiction de l'évèque. Grégoire VII maintint ces priviléges par deux bulles 1079 et 1080 (3).

Urbain I laissa le choix de l'évèque à l'abbaye 1089 (4). Honoré III et Nicolas III confirmèrent aussi cette décision 1218 et 1278 (5). Ce dernier pape donna beaucoup pour l'église du monastère qui fut rebâtie en 1200.

L'abbaye était obligée de payer une redevance de dix-huit cents

(1) Factum est ut monasterium Santi-Victoris olim præcpuum et famosissimum fuerat *labefactatum* et pone ad nihilum redactum : quo usque bene memoriæ domi Guillelmi et dom Honorat præfatæ civitatis episcopus et frater ejus (Voir le grand Cartulaire de Saint-Victor).

(2) (3) (4) (5) Ruffi, hist. de Marseille, t. 2, chapitre qui traite de Saint-Victor

florins au collége des cardinaux lors de la nomination des abbés. Urbain V, qui avait été abbé de ce monastère qu'il aimait d'une manière toute particulière, réduisit cet impôt à mille florins. Il défendit ensuite par quatre bulles aux patriarches, archevêques et évêques de porter sentence d'interdiction, d'excommunication ou de suspension contre les religieux ou religieuses appartenant à des abbayes, pricurés relevant directement ou indirectement de Saint-Victor. Ce même pontife fit cadeau au monastère de vases sacrés et d'autres objets nécessaires pour le culte divin ; il fit réparer le monastère qui menaçait ruine ; il éleva les tours que nous voyons actuellement, 1364 (1). En 1094 (2), l'empereur Louis-l'Aveugle donna au monastère tous les droits qu'il avait sur les salines de Marseille et avec toutes ses propriétés situées sur la montagne de la Garde et au quartier Paradis. A la prière du pontife Urbain V. Marguerite reine d'Ecosse, contribua à la réparation du monastère en donnant mille florins, 1438 (3)

Les comtes de Provence, Ildelfonse roi d'Aragon, Raimond Béranger (1240), Robert, roi de Naples (1333), Marie de Blois (1398), Louis II (1409), René (1437) et Henri II (1548) protégèrent l'abbaye ou lui donnèrent des propriétés qu'ils possédaient dans la Provence ou dans les pays environnants. Elle avait à Marseille même des propriétés, comme nous le voyons d'après une charte de 1228 qui nous dit que l'abbaye possédait un domaine au quartier appelé le Bourg du Revest. Les vicomtes donnèrent plus que tous les autres seigneurs, ils voyaient quel bien faisait dans leurs pays ce monastère, aussi ils ne craignirent pas de diminuer leurs domaines pour l'enrichir.

En 1004 Guillaume, vicomte de Marseille donna à l'abbaye le prieuré de la Cadière (4). En 1014 et 1035, Guillaume et Fulco, vicomtes de Marseille, donnèrent à Wilfred, abbé du monastère, tous les droits seigneuriaux qu'ils avaient sur la Mole (5) ainsi que le prieuré de St-Pons.

(1) (2) (3) Ruffi, hist. de Marseille, t. 2, chapitre sur l'abbaye de St-Victor.

(4) Ruffi, hist. de Marseille, t. 2, chapitre sur l'abbaye de St-Victor.

(5) Ruffi, hist. de Marseille, t. 2, page 187.

En 1056. Pierre Saumada, vicomte de Marseille, donna les terres qu'il avait à Ramatuelle (1).

En 1097. Gaufrè le, vicomte de Marseille, donna tout ce qu'il possé. dait à Sex-furne (Six-fours) (2).

Le 7 février 1413. la reine Jeanne céda aux abbés de St-Victor, les droits de régales et autres qu'elle avait dans le même pays. C'est ainsi que les abbés étaient seigneurs spirituels et temporels de Six-fours et de la Seyne, (3).

Donnant à la fin de cette notice, les noms des vicomtes et vicomtesses de Marseille, qui ont donnés des terres, prieurés, etc ; à l'abbaye de Saint-Victor, nous nous bornerons à citer ceux-ci. Les maisons religieuses ou prieurés qui dépendaient de Saint-Victor étaient si nombreuses qu'elles étaient répandues dans soixante diocèses et non seulement en France, mais encore à Valence (Espagne), à Pise, à Gênes, etc. L'abbé ne pouvant pas tout voir par lui-même, avait sous ses ordres un vidame ou avocat, qui prenait la défense des biens du monastère, lorsque ceux-ci étaient attaqués, soit par les simples particuliers, soit par les seigneurs des lieux où ils se trouvaient, et qui, chaque année, accompagnait de deux religieux se rendait dans divers prieurés pour voir si la règle et l'ordre y étaient observés.

Le monastère de Saint-Victor fut pendant longtemps une maison modèle sous tous les rapports, aussi les souverains pontifes donnèrent la pourpre romaine à plusieurs de ceux qui y étaient. C'est ainsi qu'en 1066, Bernard, qui en était abbé, fut fait cardinal. Grimaud qui gouver-

(1) Cartulaire de St-Victor, f. 134.

(2) Ego Gausfredus, vicecomes Massiliensis facio donationem de ipsa parte quam habeo in castro vel in villa quæ vocatur Sex-furnes vel in ejus tenemento cum consensu et voluntate uxoris meo Rixendis et filiorum morum quorum nom'na hæc sunt Gausfredus Aicardus et Hugo, Raimundus Pontius Fulco Petrus omnipotenti Domino et monasterio Massiliensi quod est constructum prope civitatem in honorem S. Dei genitricis Mariæ et sancti Victoris (Ruffi, hist. de Marseille, p. 486, t. 1.)

(3) Mairie de la Seyne-sur-mer, archives G G 1, travée 5.

nait l'abbaye en 1358, fut élu pape, il gouverna l'église sous le nom d'Urbain V. En 1588, Robert de Franchipani n'étant pas à l'abbaye quoiqu'il en fût le chef, les religieux se laissèrent aller à des dérèglements, ils demandèrent l'abolition de l'abbaye de St-Sauveur, ils l'obtinrent de la part du Pape, mais les habitants de Marseille ayant réclamé, elle fut de nouveau reconstituée dans ses anciennes prorogatives qui avaient été prises par les moines de Saint-Victor. Son successeur, Antoine de Bourbon, rétablit la règle dans son état primitif ; elle se maintint jusqu'au dernier abbé qui fut de Saint-Aignan. En 1727, après lui, l'abbaye subit le sort de toutes les propriétés ecclésiastique en 1793.

Saint-Victor n'était pas seulement un lieu de prière et de méditation, c'était aussi un asile ouvert contre l'envahissement de la barbarie, c'est pourquoi cette célèbre abbaye eut dans son sein jusqu'à trois mille religieux. Sous l'abbé Wilfred, en 1005, Guillaume I, vicomte de Marseille, quitta le monde et entra dans ce monastère. Elle n'abritait pas seulement la piété et la science, les arts libéraux y étaient aussi, il y avait des exemples d'industrie et d'activité pour le laboureur, l'ouvrier et le propriétaire. Les habitants apprenaient chez les moines leurs voisins, à délibérer entre eux, à se donner des chefs, à obéir, à se dévouer pour le bien général. En s'organisant ainsi, les habitants des villes commençaient l'œuvre de l'affranchissement, de sorte que sans contester la diversité des causes qui concourent à la même fin, il faut bien reconnaître que l'exemple des communautés fit beaucoup pour la constitution des communes. Ceux qui se disent ennemis des moines feraient bien de lire un ouvrage qu'a publié M. de Montalembert, intitulé : *Les Moines d'Occident*, ils y verraient tout ce qu'ont fait ceux qu'ils appellent les ennemis du progrès.

En terminant ce travail, simple résumé d'un grand ouvrage qui paraîtra peut-être un jour sur l'abbaye de Saint-Victor, je prie le lecteur d'en excuser l'aridité et la concision. Des développements plus étendus n'auraient pas trouvé place dans cette notice.

V. VERLAQUE.

La Seyne-sur-Mer, le 21 juillet jour où l'église célèbre la fête de saint Victor, martyr.

LISTE DES ABBÉS DE SAINT-VICTOR.

420   Saint Cassien, fondateur du monastère.

580   Anastase, était abbé à la fin du sixième siècle.

780   Saint Mauront, était abbé en même temps qu'évêque de Marseille,

781   Yves, évêque de Marseille (1).

900   Magnus était abbé du monastère au commencement du Xme siècle et du temps de Louis l'Aveugle (2), qui, l'an 904 donna
au monastère de Saint-Victor tout ce qui lui revenait du droit
d'enduvoye.

976   Bernard, second abbé après le rétablissement du monastère. (3)

984   Adalard.

993   Pons, abbé et évêque de Marseille (4).

1003   Garnier, obtint une bulle du Pape Jean XX qui confirma tous les
biens que cette maison possédait et qui défendit à toute per-
sonne sous peine d'excommunication, de donner des biens ou de
nommer l'abbé sans l'approbation du chapitre.

1005   Wilfred ou Guifred (5).

1026   Saint Isarn, natif de Toulouse fut d'abord prieur claustral du
monastère. Le chapitre s'étant assemblé après la mort de Wilfred et ne pouvant pas s'accorder sur son successeur. L'abbé
d'un monastère voisin qui était dans le chapitre, appela en plein
conseil un enfant et lui dit : mon enfant, au nom de Jésus-

(1) Ant. de l'église de Marseille, page 301

(2) Était fils de Boson et d'Hermengarde succéda à son grand père maternel
dans le royaume d'Arles en 887, il mourut en 923

(3) Antiq. de l'église de Marseille page 358

(4) Cart. de Saint-Victor, N° 15.

(5) Antiq. de l'église de Marseille, page 362.

Christ, dites-moi quel est le plus digne de la charge d'abbé?
C'est Isarn, répondit-il. Ce saint fut donc sacré abbé et gouverna le monastère jusqu'en 1048, il mourut le 24 septembre
de cette même année.

1048   Pierre, fut élu deux mois après la mort de saint Isarn.

1060   Durand, sous cet abbé le monastère jouissait d'une grande ré-
putation dans toute la chrétienté, le Pape Alexandre II, le
créa Cardinal.

1066   Bernard qui succéda à Durand fut comme lui créé cardinal.

1080   Richard, fut aussi comme son prédécesseur créé cardinal par le
Pape Alexandre II et évêque de Narbonne, fut dépossédé par
l'empereur Henri IV qui mit à la place Buibiut; cette nomination fut approuvée par le Pape en 1107.

1107   Buibuit, archevêque de Rau, fut fait abbé dudit monastère.

1109   Othon (1) d'origine Allemande, issu du sang royal de France.
Le Pape Pascal II lui conféra par une bulle de 1114 tous les
biens que possédait le monastère, qui lui vinrent à titre de bé-
néfices en 1117.

1117   Rodolphe, Calliste II, sur sa demande, pria les archevêques d'Arles et d'Embrum de faire jouir le monastère des biens qu'il
possédait depuis trente ans. En 1127, à sa prière, sa Sainteté
accorda de grands priviléges au monastère de Chirac, qui était
sous la dépendance de celui de Saint-Victor.

1129   Gaucelin (2), il y eut du désordre dans le monastère, il se démit
et se réfugia à la Sainte-Baume.

1130   Pierre Sallamon, gouverna cette abbaye pendant 17 ans, il obtint
de la part du Pape Innocent II, la confirmation de toutes les
églises et de tous les biens que possédait le monastère. Cette

(1) Cet abbé a existé quoique le Cartulaire n'en fasse pas mention.

(2) Les auteurs du Cartulaire hésitent de l'admettre comme abbé une lettre de
cet abbé imprimée dans la collection des anciens tom. 1, coll. 691 atteste cependant son existence.

bulle fut accordée par ce Pape la huitième année de son pontificat.

1150 Pierre Tibiot, obtint aussi du Pape Eugène III, une bulle qui con, firma les possessions de cette abbaye. Il mourut en 1163, donna sa démission en 1154.

1154 Guillaume, fut abbé jusqu'en 1163.

1163 Frédol d'Anduse, gouverna l'église de Saint-Honorat d'Arles, que l'archevêque Guillaume avait bâtie au monastère du temps de Pierre de Sallamon. Il fut évêque de Fréjus et ne gouverna l'abbaye que pendant trois ans et quatre mois.

1166 Pierre de Nogaret, fut élu après la mort de Frédol.

1178 Dieudonné de Sivinar, fut abbé pendant trois ans.

1180 Astorge.

1185 Bertrand de Mont-Murato.

1186 Astorge de Canillac.

1192 Roncelin Raymond d'Aurilhac.

1194 Hugues de Dolon.

1195 Minur, tint chapitre à St-Victor en 1202, il mourut la même année.

1202 Guillaume Di Petra ou de Lira, fut abbé pendant cinq ans et trois mois.

1207 Guillaume De Aligno ou d'Alens, pendant son gouvernement, il s'éleva une grande discussion parmi les religieux. Le Pape Innocent III, y envoya Jean, évêque de Riez, Fouques, évêque de Toulon et Guillaume d'Alligia, prieur du monastère St-Hono pour y établir l'ordre et les règles.

1215 Bonfils, tint Chapitre en 1216.

1221 Pierre Guillaume.

1240 Guillaume Di Pitra ou de Lira, fut le second abbé qui porta ce nom, il envoya en 1240 Raynaud de Mairiosio, un de ses religieux, pour aller reformer le monastère de Saint-Souin.

1243 Pierre, cinquième abbé de ce nom,

1252 Roncelin, fut abbé pendant trois ans, sept mois.

1255 Estienne,

1272 Guillaume de Brisac.

1277   Jean Cammis, gouverna pendant dix ans l'abbaye, puis fut nommé
       abbé du monastère de Saint-Germain des Près.

1287   Bobordeti ou Raymond, tint un Chapitre en 1291, il mourut en
       1293.

1293   Guillaume (1) de la maison de Sabran, fut abbé pendant trente
       ans, tint trois Chapitres, en 1294, 1298 e 1305, il était neveu
       de Saint-Elzéar, évêque de Dignes.

1325   Guillaume de Caudaillac, tint chapitre la première année de son
       élection. Il fut fait évêque de St-Paul.

1327   Rathier de Lanach, tint deux chapitres, le premier en 1328 et
       l'autre en 1330.

1335   Thibaut de Contabon, gouverna l'abbaye pendant 3 ans, il fut
       sacré évêque de Rhodez.

1340   Allemand, descendant de l'illustre famille des Roquelaure.

1347. Amallin, fit quelques statuts pour le prieuré de St-Aman, qui
       était dans le diocèse de Rhodez.

1348   Estienne, descendant de l'illustre des Clapiers.

1358   Guillaume (2) de Grimaud, qui d'abbé fut fait pape sous le
       nom de Urbain V, naquit au château de Grimaud en Gévau-
       dan, diocèse de Mende.

1379   Estienne Ulmo, qui d'abbé de Mont fut fait abbé de St-Victor.

1387   Jean Bounin, issu d'une famille de Marseille, conseiller d'état
       de la reine Marie et de Louis II roi de Naples et comte de Pro-
       vence.

1405   Pierre Flaminques.

1423   Guillaume de Lac, gouverna l'abbaye jusqu'en 1442, il s'en dé-
       fit en faveur de son frère Pierre Laon.

(1) St-Elzéar de Sabran, évêque de Dignes était le cousin germain de sainte
Rossoline de Villeneuve.

(2) Ce pape quoique français aurait voulu rétablir la papauté dans la ville de
St-Pierre, il ne le put malgré sa bonne volonté ; il mourut à Avignon en odeur
de sainteté. Th. Roussel a publié des recherches sur Urbain V. Paris 1840.

1442 Pierre du Lac.

1474 Ogio Danglusre, fut abbé et évêque de Marseille.

1506 Robert Calach, était de Bretagne évêque de Rennes, puis de Nanterre. Le roi Louis XII l'envoya un ambassade auprès du Pape Jules II, qui le fit cardinal, il mourut à Rome en 1513.

1513 Claude de Corsonuile.

1516 Augustin Trimussi, milanais, fut fait cardinal, il garda l'abbaye jusqu'en 1548.

1548 Jules de Roverés, fils de François Marie, dernier duc d'Urbin fut fait cardinal l'an 1549, après archevêque de Ravennes.

1552 Laurent Strozzi, fils de Philippes et de Clarice de Médicis après avoir porté les armes quelque temps prit la croix, fut fait évêque d'Alby et de Béziers, puis archevêque d'Aix. Le Pape Paul IV lui donna le chapeau de cardinal en 1571. C'est le premier qui affranchit la commune de Six-Fours.

1564 Pierre Rodolphe, natif de Florence, d'abbé de St-Victor fut fait évêque d'Alby.

1570 Laurent Strozzi, fut nommé abbé de St-Victor pour la seconde fois.

1574 Jullien de Médicis, archevêque d'Aix et enfin évêque d'Alby.

1588 Robert de Franchipani, descendant de l'illustre famille romaine qui porte ce nom. Il gouverna l'abbaye pendant 34 ans. Il permit par lettres patentes aux habitants de la Seyne de bâtir une église et il l'érigea en paroisse en 1614. (1)

1622 Antoine de Bourbon, fils naturel du roi Henri IV et de Jacqueline comtesse de Moret.

1632 Louis de Nogaret, cardinal de la Valette, fils de Louis de Nogaret de la Valette, duc d'Epernon et de Marguerite de Foix comtesse de Candalle.

1639 Antoine de Richelieu, d'abbé de St-Victor fut fait cardinal et archevêque de Lyon.

(1) C'est sans doute en mémoire de cette action que les habitants de la Seyne ont donné son nom à une des rues de leur ville.

1653 Jules de Mazarin, ministre d'état du roi Louis XIII et cardinal.
    Il obtint par lettres patentes (1) de sa majesté la séparation
    de la commune de la Seyne, de celle de Six-Fours.
1662 Philippe de Vendôme, grand prieur de France.
1708 Jacques de Matignon, évêque de Condom.
1747 Honoré de Beauvilier de St-Aignan, évêque de Beauvais.

(1) Ces lettres patentes se trouvent dans les archives de la mairie de la Seyne
No 1, travée 4 AA.

LISTE

Des Vicomtes et Vicomtesses de Marseille, bienfaiteurs du monastère de
Saint-Victor.

1018 (1) Vuillelme et son fils Fulco.
1035   Vuillelme, fils de Guillaume le jeune.
1056   Pierre Saumada.
1056   Pierre Guillaume.
1065   Gaufrède et son frère Guillaume, seigneurs de Toulon.
1065   Guillaume d'Accélène.
1066   Pierre fils de Guillaume.
1067   Willelme.
1079   Gaufréde.
1094   Pons Malnerius.
1097   Vuillelme, Amelius, Hugue de Podio et Gaufrède Iros,
1110   Hugo Gaufrède.
1112   Giberge.
1121   Pontnis de Podio Négro.
1123   Dulcie.
1130   Raymond Gaufrède, 1er seigneur de Toulon.
1188   Guillaume Grossi.
1190   Willelmus de Pennes.
1193   Hugo Gaufrède.
1210   Hugo de Baucio.
1212   Roncelin, seigneur de Toulon.

(1) Les nombres indiquent l'année de la donation des biens :

Toulon. — Imprimerie H. Vincent, rue Neuve, 20

7.